Wer ist der Mächtigste auf der Welt

Libuše und Josef Paleček

Ein Nord-Süd-Taschenbuch

Auf dem Lande lebte einst eine Mäusefamilie. Vater, Mutter, die Tochter Julinka, die schon ein kleines Mausfräulein war, und fünf winzige Mäuschen. Aber es war ein nasser Herbst, und die alte Wohnung am Rain hielt nicht mehr so dicht. Da beschloß Vater Leopold, mit der ganzen Sippschaft umzuziehen.

Nach einigem Suchen fanden sie ein altes Haus am Rande der Stadt. Hier war es trocken und warm. Außerdem spielten Menschen jeden Abend Theater, und in einem großen Raum hingen Kostüme, Säbel, Zylinder, Kronen, Zepter und Reichsäpfel. Wie spannend mußte das für die kleinen Feldmäuse sein!

Anfangs besuchten sie jede Vorstellung. Mit der Zeit aber begannen sich die jungen Mäuse zu langweilen; nur der alte Leopold schaute nach wie vor gespannt auf die Bühne. Eines der Stücke hatte es ihm besonders angetan. Es hieß «Die Thronfolger», und Leopold begeisterte sich an den Zweikämpfen, an Purpur und Königskronen. Das würdevolle Auftreten der Herrschenden erweckte Ehrfurcht und Angst in ihm.

Eines Abends stürzte eine Schar junger Mäuseriche in die Vorstellung. Eine Weile schauten sie zu, doch dann begannen sie laut zu gähnen. Es war ihnen nämlich völlig wurst, wessen Thron wackelte und wessen Hand der andern das Zepter entriß.

Und weil es so wenig Spaß gab, wollten sie es selber ein bißchen lustig haben. Sie durchnagten die Wäscheleine, an der die Kostüme hingen, und in wildem Durcheinander prasselte alles auf die Bühne hinunter!
Vater Leopold war starr vor Entsetzen. Wie achtlos diese jungen Taugenichtse mit so machtvollen Dingen umsprangen! Doch dann sah er das Zepter direkt vor seinen Füßen liegen, ergriff es und rannte damit davon.

Zuhause riß er die Tür zur Mäusewohnung auf und klopfte mit dem Zepter auf den Boden. «Das Zepter ist jetzt in meiner Hand», rief er, «und was ich sage, das gilt! Ich habe beschlossen, daß unsere Julia den heiraten wird, der auf der Welt der Mächtigste ist!»

Zunächst war die Familie sprachlos. Als erste faßte sich die Mutter, tippte sich sacht an die Stirn und sagte: «Leopold, ich fürchte, du hast den Verstand verloren!» Aber Leopold schrie von neuem los. «Mein Wort ist Befehl. Julia wird gehorchen und du ebenso! Von jetzt ab werdet ihr mir alle gehorchen!»

Da rannte Julia verzweifelt aus der Wohnung und quer durch den Garten bis zum Lattenzaun, schlüpfte hindurch und lief durch das dichte, wogende Getreide zum Rain und unter den Heckenrosenstrauch, wo sie sich immer mit ihrem Liebsten traf.

«Eduard, Liebster, mein Vater will mich nur dem Mächtigsten geben!» sagte sie, und zusammen weinten die beiden ein bißchen und trösteten einander, bis der Mond aufging. Dann sagte Eduard: «Das Mächtigste auf der Welt ist doch die Liebe!»

«Ach, du Dummerchen! Davon überzeugen wir Vater nie!»
«Man sagt aber, Liebe könne Berge versetzen ... Jetzt ist mir was eingefallen! Lauf getrost nach Hause, Julinka. Himmeldonnerwetter, ich krieg dich doch!»

In dieser Nacht schlief Julia nicht sehr ruhig. Und als es tagte, weckte sie ein mächtiges Trompetengeschmetter. Mit einem Gefolge vornehm gekleideter Herren erschien ein junger Mäuseprinz, verbeugte sich höflich vor Leopold und bat um die Hand seiner Tochter.

Auf den ersten Blick hatte Julia ihren Eduard und seine Kameraden erkannt. Nun wußte sie nicht, ob sie lachen oder weinen sollte, als sie ihren Vater so um die goldene Krone scharwenzeln sah. Das war gar zu drollig!

Aber plötzlich gab Leopold einen scharfen Pfiff von sich – von der Krone war ein Stückchen Gold abgeblättert! «Eine falsche Krone, ein falscher Prinz!» schrie er aufgeregt und wandte sich an Julia. «Liebe hin oder her – du heiratest den, der der Mächtigste ist!» Mit dem Zepter stürzte er sich auf Eduard und jagte ihn davon. Die andern trachteten so rasch und so unauffällig zu verschwinden, als es eben ging. Nur Julia kauerte schluchzend in einem Winkel, wo ihr Mama Maus beschwichtigend zuredete.
Es war ein schlimmer Tag – aber das Gute kommt oft über Nacht.

Schon schickte die Sonne ein Bündel goldener Strahlen voraus. Dann stieg sie selbst in ihrer ganzen Hoheit am Himmel auf, nickte nach allen Seiten und begann lächelnd ihre Herrschaft über den neuen Tag.
Vater Leopold schob die Mäusemutter vor sich her, Mutter Maus hielt Julia an der Hand, die Mäusekinder mußten sich verbeugen – und so, unter unzähligen Verbeugungen, trippelte die herausge-

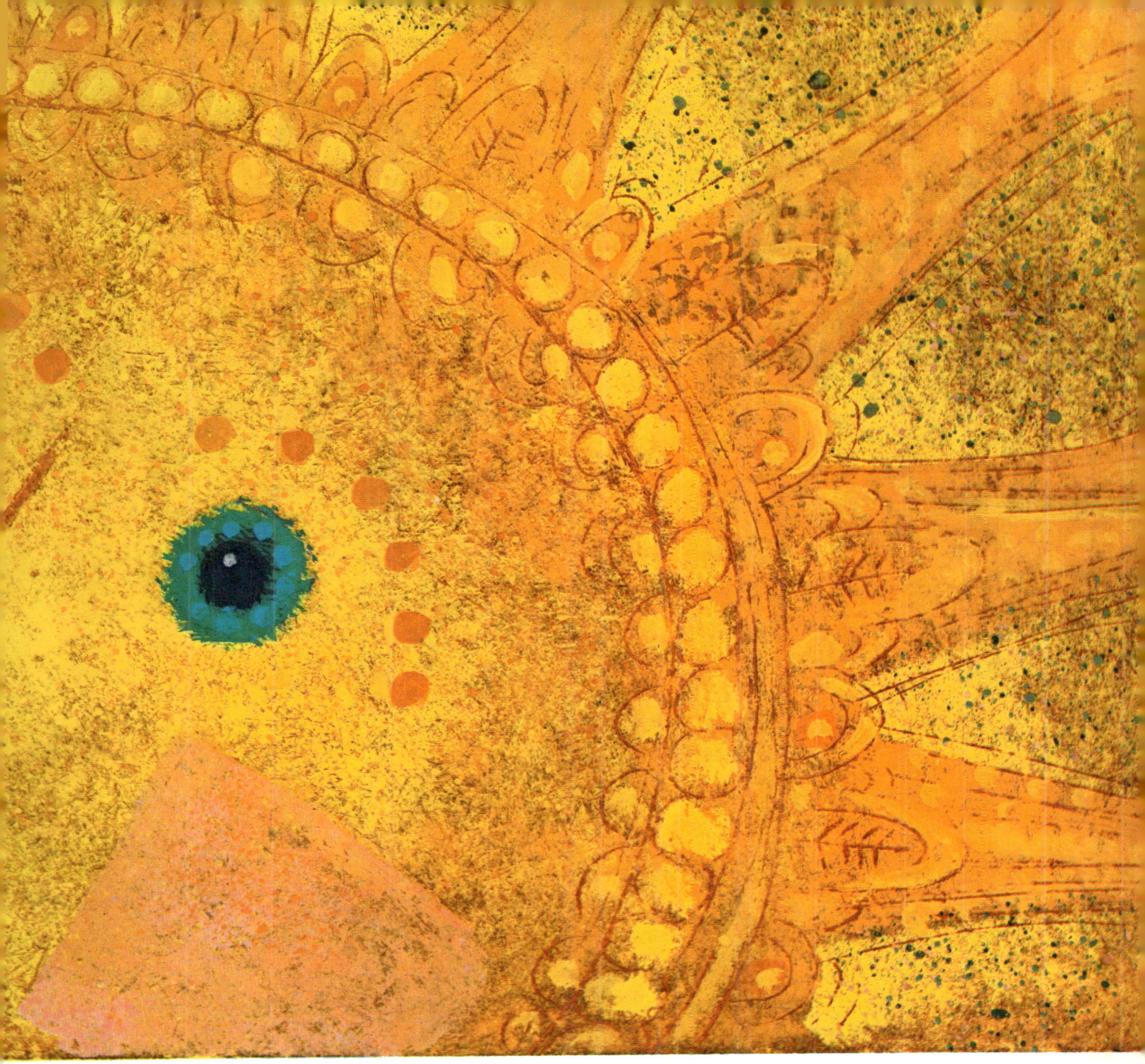

putzte Mäusefamilie der Sonne entgegen. Die Sonne sah ihnen lächelnd zu und fragte nach ihren Wünschen. Da wies Leopold auf seine Tochter und bot sie, vor Aufregung stotternd, der Sonne zur Frau an.

Als die Sonne erfuhr, daß nur der Mächtigste auf der Welt das Mäuschen haben könne, hob sie Julinka behutsam neben sich auf den Sonnenthron und betrachtete sie belustigt.

Doch plötzlich erscholl ein Donnerschlag. Die Sonnenstrahlen erzitterten, und eine schwarze Wolke schob sich heran. Während die Mäusefamilie Hals über Kopf davonsprang, trat Eduard aus seinem Versteck hervor, streckte beide Arme aus, und mit dem letzten Strahl sandte ihm die Sonne Julinka zu. Dann beherrschte die drohende schwarze Wolke den Himmel.

Eduard und Julia beeilten sich, dem Gewitter zu entkommen. Aber sie kamen nicht weit. Leopold bemerkte die beiden und riß wütend seine Tochter zu sich heran. Wieder mußte sich die ganze Mäusefamilie vor dem Mächtigsten verbeugen. Es war die große schwarze Wolke, die sich vor die Sonne gelegt hatte. Die Mäusekinder fürchteten sich vor ihr und kuschelten sich ans Fell der Mutter. Aber der Mäusevater bot mutig seine Tochter dem Mächtigsten an.

Doch auf einmal begann die Wolke zu taumeln. Der Sturmwind höchstpersönlich rüttelte an ihr. Erst leicht, wie zum Spaß, dann blies er aus vollen Backen, und schließlich stob die drohende schwarze Wolke haltlos auseinander.

Schon näherte sich Leopold von neuem, um Julia dem Wind anzubieten.

Aber dem Wind stellte sich plötzlich eine Mauer in den Weg. Fest stand sie da und trotzte allem Blasen. Und bevor jemand daran dachte, gab der Wind den Kampf auf und flog davon.

Ohne zu zögern bot Leopold seine Tochter der Mauer an. Aber die Mauer nahm keine Notiz davon. Schweigend sah sie über die Familie hinweg, gleichgültig auch darüber, wer der Mächtigste sei ...

Doch auf einmal schien sie nicht mehr so unerschütterlich.
Sie wurde unruhig, erbebte, wankte hin und her und stürzte endlich Stück um Stück in sich zusammen! Auf ihre Trümmer aber kletterten Eduard und die jungen Mäuseriche und piepsten einen ohrenbetäubenden Triumphmarsch.
Einen Augenblick lang schaute Leopold verdutzt auf das Paar, das sich umarmt hielt. Dann erklärte er entschlossen: «Eduard, du hast die mächtige Mauer zu Fall gebracht, also bist du der Mächtigste. Ich gebe dir meine Tochter zur Frau!»

Die Mausmutter weinte ein bißchen vor Rührung, die Kleinen jauchzten, eine Musik spielte auf, die Nachbarn gratulierten – und am andern Tag wurde Hochzeit gefeiert.

Und die Hochzeit war ein richtiges Fest! Die Mäuse nagten am Hochzeitskuchen, aßen Speck, Butter, rohe Teigwaren, Rosinen, Käse und Schlagsahne. Dazwischen sangen und tanzten sie, tranken auf den Bräutigam, auf die Braut, auf die Liebe und die Tapferkeit – manche lachten, einige stritten sich, jemand wälzte sich auf dem Boden und einer schlief seinen Rausch aus. Der torkelnde Vater Leopold stützte sich auf sein Zepter und rief: «Mein Wort ist Befehl!» Da aber niemand auf ihn achtete, sackte er zusammen und begann laut zu schnarchen.

«Das Theater hat uns alle etwas närrisch gemacht», sagte Mutter Maus kopfschüttelnd, «und Vater hat es am schlimmsten gepackt.»

Die Gäste sagten nichts darauf. Sie tanzten so ausgelassen, daß sie kein Gehör hatten für Ratschläge. Doch auf einmal stoben sie davon, wie aus dem Rohr geschossen.

Vater Leopold erwachte ob der plötzlichen Stille. Er erhob sich umständlich und rief: «Hoch leben die Mäuse! Ist jemand mächtiger, dann will ich ihm zutrinken!» Er sah sich nach allen Seiten um und erblickte auf einmal die Katze. Im Nu war er nüchtern und sprang aufs nächste Mausloch zu. Er rannte und rannte, dazwischen stolperte er über das Zepter, fiel hin, raffte sich wieder auf und erreichte endlich den engen, dunklen Mäusegang.

Die Katze aber stand da und schaute Leopold belustigt nach. Es war nämlich ein ganz junges Kätzchen, das mit Mäusen noch keine Erfahrung hatte. Es wäre ihm nie eingefallen, auch nur die Krallen auszustrecken.

Als Leopold verschwunden war, stieß es ein paarmal mit der Pfote ans Zepter. Doch bald fand es das langweilig und trippelte davon.

Lithographie: Photolitho AG Gossau/ZH, Schweiz
Satz: Gloor Satz Repro, Zürich
Herstellung: Druckerei Walter AG Olten, Schweiz
ISBN 3 85825 129 1